Zauberwelt Natur

Inge und Joachim Franke

# Zauberwelt Natur

*Mit vielen
guten Wünschen
überreicht
von Joachim Franke*

Die Deutsche Bibliothek – CIP-Einheitsaufnahme

**Franke, Inge:**
Zauberwelt Natur. – Augsburg : Wißner, 2002
ISBN 3-89639-338-3

© I. u. J. Franke, Augsburg 2002

Illustrationen: Inge Franke
Texte: Inge und Joachim Franke
Gesamtgestaltung: Alfred Neff, Bernd Wißner

Das Werk und seine Teile sind urheberrechtlich geschützt. Jede Verwertung
in anderen als den gesetzlich zugelassenen Fällen bedarf deshalb der vorherigen
schriftlichen Einwilligung des Verlages.

# Inhaltsverzeichnis

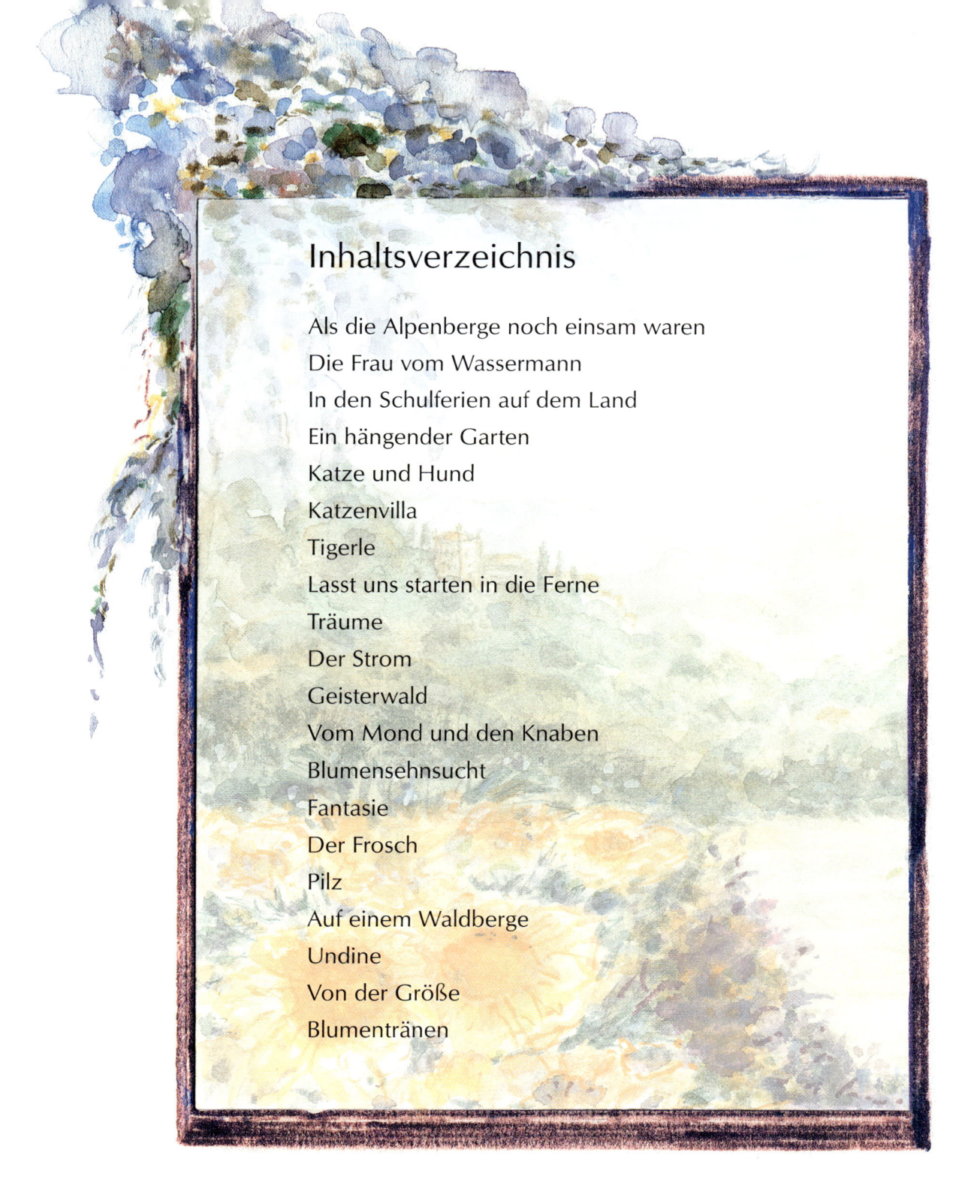

Als die Alpenberge noch einsam waren

Die Frau vom Wassermann

In den Schulferien auf dem Land

Ein hängender Garten

Katze und Hund

Katzenvilla

Tigerle

Lasst uns starten in die Ferne

Träume

Der Strom

Geisterwald

Vom Mond und den Knaben

Blumensehnsucht

Fantasie

Der Frosch

Pilz

Auf einem Waldberge

Undine

Von der Größe

Blumentränen

„Für mich muss ein Bild vor allem etwas Liebenswertes,
Hübsches und Erfreuendes sein.
Ja, etwas Hübsches.
Es gibt im Leben genug ärgerliche Dinge,
es ist nicht nötig,
dass wir noch neue in die Welt setzen."

*A. Renoir*

**Als die Alpenberge noch einsam waren ...**

damals vor vielen tausend Jahren,
da lag auf den Gipfeln die Stille ernst und schwer,
so wie auf den Eisbergen sie liegt im arktischen Meer.
Die Jahrhunderte kamen und gingen dahin,
da dachten die Berge in ihrem Sinn:
„Wie langweilig ist es, so einsam und fade,
und es ist doch eigentlich ewig schade,
dass uns niemand besucht, hier ist gar nichts los!"

Die Alpenfee sprach: „Was jammert ihr bloß?
Ihr habt es doch herrlich auf euern Höhen!"

„Aber niemand kommt, um uns anzusehen!"
„Wer soll denn kommen?" fragte verwundert die Fee.

„Die Menschen! Sie steigen sonst auch auf die Höh'
sie lassen ihr Vieh auf den Almwiesen grasen
und treiben ihre Lasttiere über Pässe und Straßen!"

Die Fee dachte nach.
„K e n n t ihr die Menschen?" fragte sie dann.
„Aber freilich, die kennen wir, Frau und Mann!
Wohnen in hübschen Häusern zu unseren Füßen.
Ach bitte, liebe Fee, lasse sie von uns grüßen
und sag' ihnen doch, wie schön wir sind
und viel zu schade, um nur Geiß und Rind
unsere bunten Wiesen abgrasen zu lassen
und schnell zu überschreiten die Pässe und Straßen!

Sag' ihnen, unsere Gipfel sind von blitzendem Eis
und die steilen Hänge von Schnee silberweiß,
unsere Waldmäntel grün, von Blumen bestickt unser Kleid ..."

Die Alpenfee seufzte: „Wie eitel ihr seid,
nun gut, ich will den Gefallen euch tun
und fliege zu den Menschen des Nachts, wenn sie ruh'n,
will mit einem Blütenzweig ihr Herz berühren,
damit sie im Traum eure Schönheit verspüren."

So geschah es. Die Menschen kamen angereist
und lernten schnell, wie jeder Berg heißt.
Erst kamen Poeten, Komponisten und Maler
und später auch die besseren Zahler:
Direktoren, der Adel, Ludwig der Märchenkönig,
und alle schwärmten von den Alpen nicht wenig.

Dann kamen die Massen zu allen vier Jahreszeiten,
man turnte am Fels und ließ sich über die Schneehänge gleiten.

Auf den Gipfeln wuchs Beton und Stahlgestänge,
die Felswände überzogen Leitern in ganzer Länge.
Den Bergen wurde es schließlich zu viel:
„Bewundern sie uns noch oder treiben mit der Gefahr ihr Spiel?"
Die Fee sprach traurig: i c h  bin schuld, dass es s o  gekommen:
Hatte als Blütenzweig den blauen Eisenhut genommen.
Eine schöne, alte Heilpflanze, wie ihr wisst.
Hatte nur nicht bedacht, dass sie auch giftig ist!"

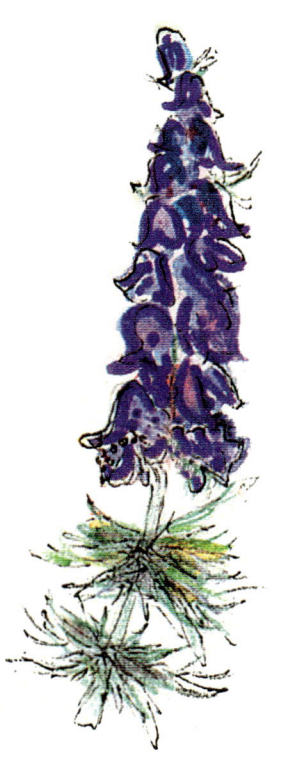

# Die Frau vom Wassermann

Wer kennt schon die Frau vom Wassermann,
die gute Fee, die hilft, wo sie kann.
Sie ist sehr schön, lässt sich selten nur sehen.
Sie lebt an verträumten Teichen und Seen,
Dort schützt sie die Blumen und Blütenbüsche,
die Molche und Frösche und alle Fische.
Auch hilft sie den Vögeln, den Faltern, Libellen
und sorgt für die Reinheit der vielen Quellen.
Doch neulich, da brachte es sie zum Weinen,
als freche Buben nach den Tieren warfen mit Steinen,
und auch noch wollten den Wasservögeln die Eier stehlen
und machten Radau mit Johlen und Gröhlen.
„Wohin mit dem Abfall? – Immer ins Wasser rein schmeißen"
Da musste aber der Wassermann selber eingreifen:
Rasch zog er eine große Wolke Stechmücken herbei,
da verschwanden die Bengels mit vielem Geschrei.
Alles atmete auf.
Und die Nixenkinder tauchten nach dem Gerümpel,
bald war der Teich wieder klar und kein dreckiger Abfalltümpel.
Die Nixlein bekamen noch Hilfe aus dem Elfenreich:
Die Elfchen flogen mit dem Abfall zur Schutthalde gleich.
Dort zog anderntags der Meister seine Stirn in Falten:
„Wer hat denn d a s  viele Zeugs gebracht heimlich bei der Nacht?!"
Und dann musste er gleich mal einen langen Vortrag halten.

# In den Schulferien auf dem Land

Damals, als ich in den Schulferien auf dem Land war,
wo der Bauer ein wenig mit uns verwandt war,
da gab es dort den alten Knecht Abraham.
Der hat immer aufgeräumt und kehrte alles zusamm'.
Und eines Abends, es war schon fast Nacht,
da hat er noch Ordnung auf dem Hofe gemacht.
Plötzlich sieht er doch vor dem Mäuerchen dort
eine dicke Ratte, die läuft gar nicht fort.
Im Gegenteil, die hat ein Tänzchen aufgeführt,
hat sich weder gefürchtet noch geniert.
Hatte sich in eine Tüllgardine gehüllt,
das war vielleicht ein ulkiges Bild!
Stand auf den Hinterbeinen hoch aufgericht',
die Stalllaterne gab festliches Licht,
hatte in den Vorderpfoten
die Stoffzipfel zierlich erhoben
und hat vor dem Mäuerchen im Eck
eine flotte SOHLE GESCHOBEN!
Da hat aber der Abraham dumm dreingeschaut
und hat ganz schnell eine Falle aufgebaut.
Ich kam grad hinzu und schrie ihn an:
„Das ist eine H a s e l maus, was jeder sehen kann!
Die ist doch so niedlich und nützlich dazu,
die frisst auch Insekten, was weißt denn du!"
„Maus oder Ratte, das ist mir doch Wurscht,
verzieh dich ins Bett, ich hab jetzt ein' Durscht."
Und schon langt er sein Fläschchen heraus,
verschwunden war längst die Haselmaus.
„Sag, Abraham, hat sie wirklich getanzt mit 'ner
T ü l l gardine?"
„Ach, halt doch den Mund, vorlaute Trine!"
„Und du," sag ich frei,
„hör auf mit dem Trinken,
hast's der Bäuerin versprochen,
und hast schon die ganze Woche
nach Schnaps gerochen!"

# Ein hängender Garten

Weitab von Babylon
nach Norden gewendet
ein Hängender Garten
Glück und Frieden mir spendet.

Steil hängt es am Hang
mein Märchenreich,
ich schaue ins Tal
der Semiramis gleich.

Bunte Blumen leuchten,
die Rosen tapfer blüh'n,
in dem allzu kurzen Sommer,
üppig wuchert es von Grün.

Die Tannen duften,
es rauscht in den Blättern.
Im Gras hüpfen Frösche,
tausend Vogelstimmen schmettern.

Schwalbenpfeile im Blau,
die Klematis häkelt,
es reifen die Beeren,
mein Pudel sich räkelt.

Froh lieg ich im Schatten,
gab es jemals auch Schmerz?
Ein schöner Falter segelt heran
und streicht leise über mein Herz.

# Katze und Hund

Die Katze lässt das Mausen nicht,
drum Flocki zu Nachbars Mieze spricht:
„Du kannst nicht in unser'n Garten rein!"
„Gib nicht so an! Was fällt dir ein?!"
„Unsre Vogelbrut ist noch zu klein,
die lernen erst mal richtig fliegen,
jetzt würdest du sie ganz leicht kriegen!
Da brauchst du gar nicht so zu fauchen,
hau ab!
Wir können dich hier nicht gebrauchen!"

# Katzenvilla

Wenn es draußen nass und rau,
und der Wind unfreundlich kalt,
bleibt zu Hause, seid so schlau
hübsch gemütlich Jung und Alt!
Manche schlafen, manche schnurren
vor Behagen vor sich hin.
Wer wird übers Wetter murren,
wenn's so freundlich ist hier drin.
Da, Besuch kommt, ist doch toll!
Jetzt wird gleich die Bude voll.
Jeder tut heut, was er mag,
das ist mal ein schöner Tag!

# Tigerle

Was du nicht kennst, das fordre nicht heraus,
du bist zwar stark, bei jeder Maus.

Doch überschätze deine Kräfte nicht.
Der Ober immer noch den Unter sticht.

Halt' Augenmaß in allen Dingen,
lass dich nicht leicht zu etwas zwingen,

das dir nicht liegt, das dir nicht frommt,
das plötzlich dann zum falschen Zeitpunkt kommt.

So bist du immer nur ein Scharlatan.
Aus Überzeugung hast du's nicht getan.

Du bist ein Spielball der gerufenen Gefahr,
die sonst ein Traumbild und nie wirklich war.

# Lasst uns starten in die Ferne

Lasst uns starten in die Ferne,
Traum von einer andern Welt.
Ach, ich möchte doch so gerne
fliegen bis zum Sternenzelt.

Weite ist wie große Nähe,
ich versinke in der Zeit,
Vergangenes ich deutlich sehe,
die Zukunft ist schon Wirklichkeit.

Das Wahre ist nie da gewesen,
Irrationales ist so klar.
Ich kann die Schrift der Babylonier lesen,
ich seh' die Sintflut, wie sie wirklich war.

Die Berge steigen in die Tiefe,
das Wasser streift den Horizont.
Es ist, als ob das Schicksal riefe,
gleich bist du da, du hast's gekonnt.

Halt an, damit du schneller bist,
dein Herz in meine Hände,
wirf alles weg, was du vermisst,
du bist ja da, am Anfang und am Ende!

# Träume

Was bleibt, wenn wir im Ozean der Träume untertauchen?
Sind wir bei unsrer Fahrt durch alle Meere
zu oft gestrandet oder hatten wir das große Glück
die wundersamsten Bilder einer fremden, besseren Welt zu sehen?
War Ziel und Hoffnung eine Insel nur
vor Jahrmillionen schon im Meer versunken?
Vielleicht bleibt eine schöne Blume nur
ein Zeichen für den nächsten Träumer.

# Der Strom

Woher, großer Strom,
kommt dein Wasser so weit?

Von den Bergen hoch droben,
wo es viel regnet und schneit.

Und wohin, großer Strom,
fließt dein Wasser so breit?

In das Meer, in das Meer,
das so gewaltig und hehr
seit dem Anfang der Zeit.

# Geisterwald

Wenn im Wald die Nebel wallen,
wenn am Berg die Rufe hallen,

wenn im Dämmern Schatten zieh'n
wie Gespenster seitwärts flieh'n,

wenn es flattert, kreucht und fleucht,
wenn's dich wie ein Spukschloss deucht,

hoffst du nur, du würdest träumen,
läufst du zwischen kahlen Bäumen,

flattern Flügel, huschen Spukgestalten.
Fürchte nichts, man wird dich nicht behalten.

## Vom Mond und den Knaben

Es waren einmal drei törichte Knaben,
die wollten den Mond für sich alleine haben.
Er sollte nur ihnen leuchten bei Nacht,
und sie haben allerlei Pläne gemacht.
Erst wollten sie ihn mit Netzen fangen,
mit Sack und Köcher an langen Stangen.
Auch hatten sie ihn im Teich schon entdeckt
und schnell bis zum nächsten Tag drin versteckt.
Doch haben die Wolken sie ganz verwirrt,
und sie sind verstört um den Teich geirrt.
Dann fanden sie ihn voller Pracht
in einer sternenklaren Nacht
auf einer Parkbank wundersam,
sodass gleich der Gedanke kam,
wir tragen diese Bank ins Haus
und lassen ihn nie wieder raus.
Gesagt, getan, mit vielen Mühen
vorbei an Liebespärchen und an Kühen
haben sie ihn fortgetragen.
Nie schien er mehr in den nächsten Tagen.
Doch jeder weiß, dass Neumond war,
und auch der Himmel war nicht klar.
Sie werden es gewiss bereuen
und fangen den Mond bestimmt von neuem.
Drum merke dir: In der Natur
ist's ein Gesetz, ein kleines nur:
Das Schöne, das soll allen nützen
und niemand wird's allein besitzen.

# Blumensehnsucht

Hell ist es in der Ferne.
Und wenn es Nacht wird,
stehen Sterne,
und die Blumen, die jetzt strahlen,
geben nur im fahlen
Licht des Mondes
einen Schimmer ihrer Pracht.
Farben schluckt die schwarze Nacht.
Nutzt den Tag, ihr Pfauenaugen,
dunkle Stunden taugen
nicht dazu, emporzufliegen.
Sehnsuchtsvoll am Boden biegen
bunte Blüten sich zu euch, nur ihr Duft
folgt dem Winde in die Luft.

## Fantasie

Die Rosse sie baden in Meer und Schaum
aber ergreifen kannst du sie nie.
Sie tragen nicht Zügel und nicht Zaum
die edlen Rosse der Poesie.
Vielleicht erscheinen sie Dir im Traum
die Flügelschnellen der Fantasie.

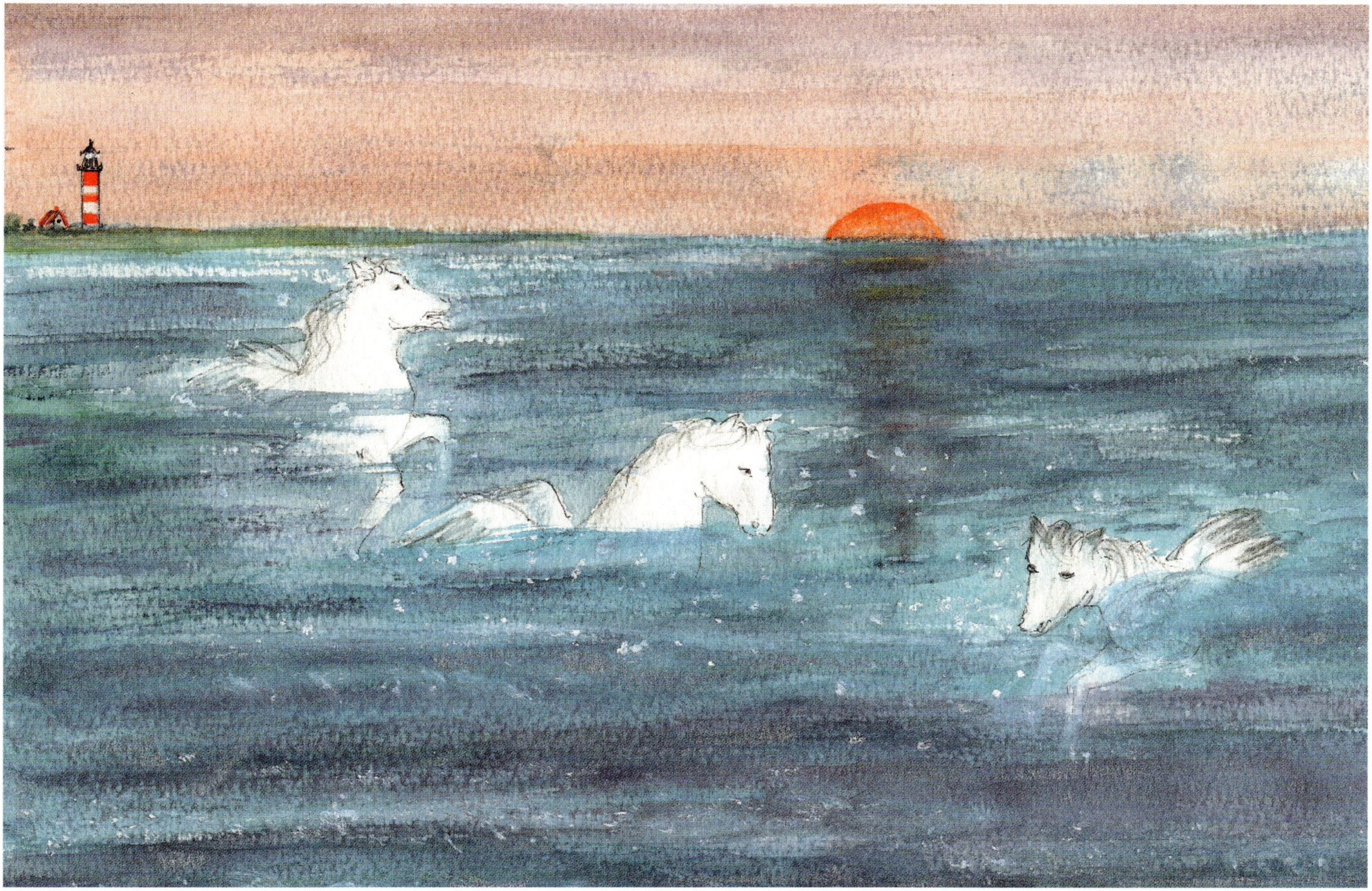

# Der Frosch

Lieber Frosch in deinem Reich,
dem kleinen grünen Märchenteich,
quakst du abendlich im Stillen
willst dir einen Wunsch erfüllen.
Eine Fröschin soll dich hören
und dein Ton soll sie betören.
Und ihr wollt für Nachwuchs sorgen,
bleibe euer Tun verborgen,
denn der Feinde gibt es leider
viel zu viele, aber quak nur weiter.

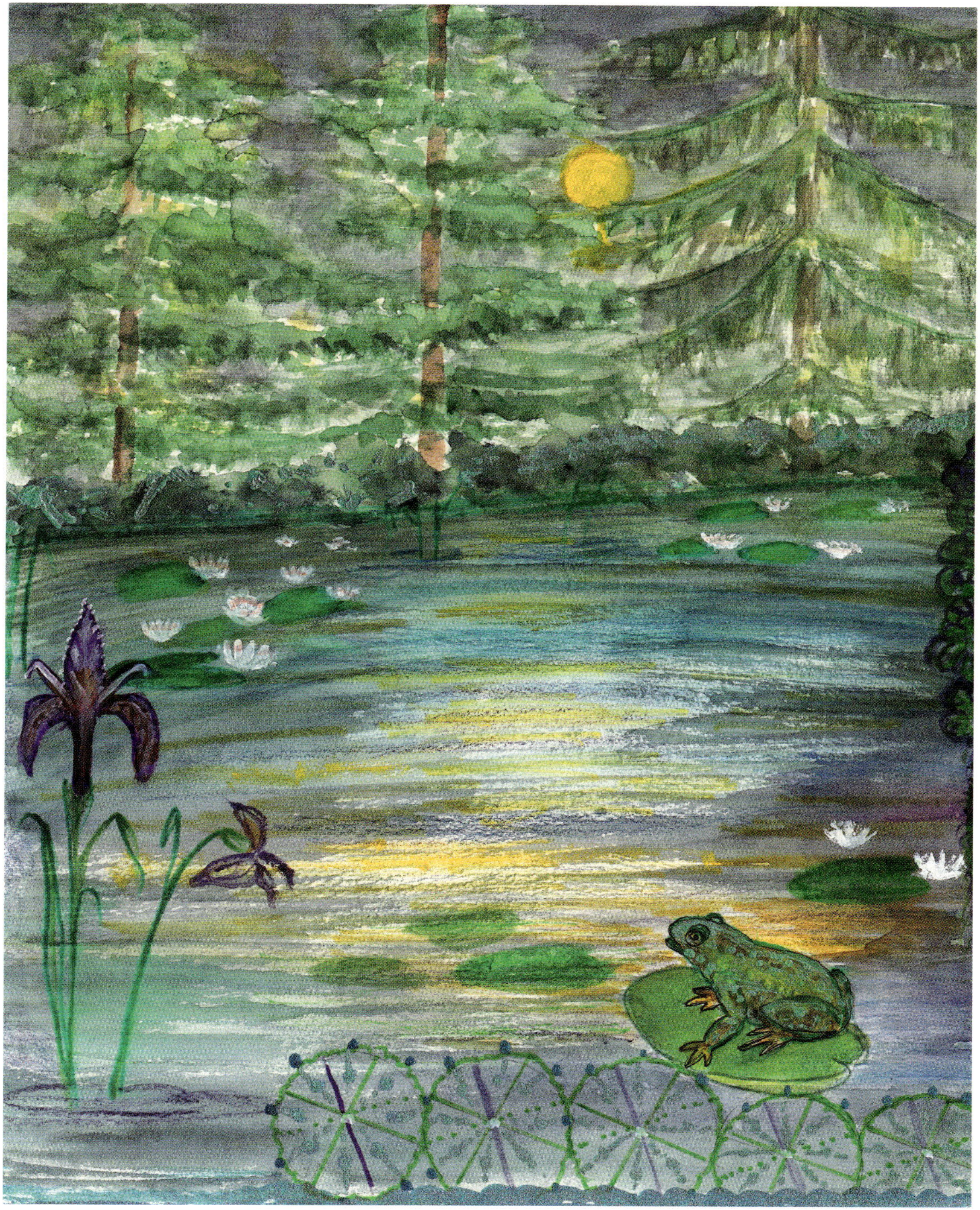

# Pilz

Es war einmal ein kleiner Pilz, der wuchs versteckt
im Unterholz von Laub bedeckt.
Niemand sah ihn, keiner wollt' ihn,
und er kümmerte dahin.
Doch plötzlich packt ihn Größenwahn,
und alle Käfer, alle Tiere sah'n,
wie voller Energie und Kraft
der Unscheinbare stolze Größe schafft.
Nun staunen sie und wollen's gleich ihm tun.
Doch etwas Neid folgt stets dem Ruhm.

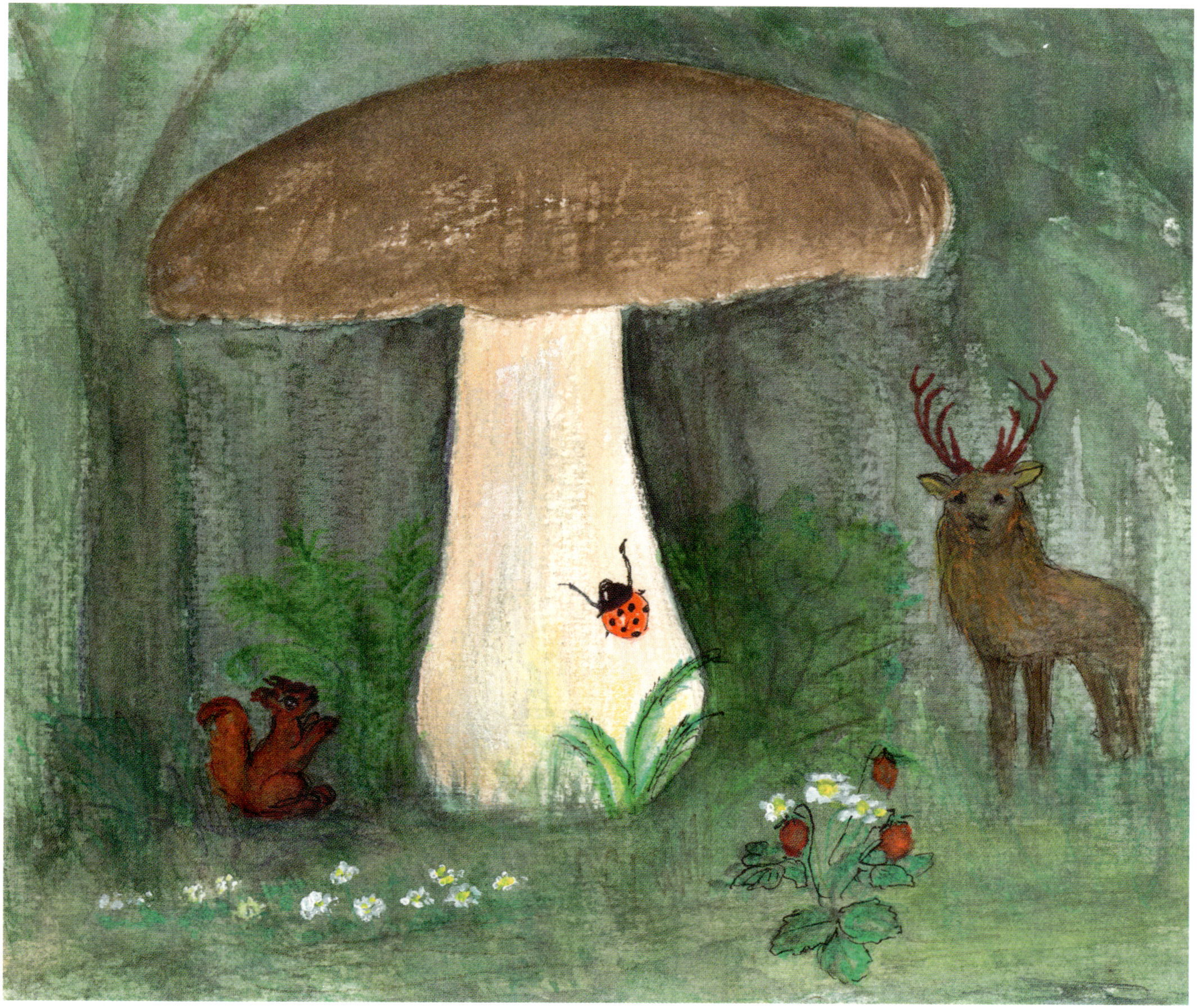

# Auf einem Waldberge

Auf einem Waldberge stand ich und schaute umher,
die Menschen klein wie Zwerge eilten unten hin und her.
Plötzlich flüstert eine Stimme zur Linken mir zu:
Wer von uns Bäumen ist der schönste, sage es Menschlein du!
Erschrocken stand ich da oben und dachte bei mir:
Will ich jetzt einen loben, rächen die andern sich hier.
Nun hört ich zur Rechten sprechen ziemlich laut:
„Die Eiche von den Echten bin ich, bin üppig-stark gebaut.
Bin schöner als da droben die schlanke Tann,
falls du d i e solltest loben, so was kein Baum begreifen kann."
Da war nun guter Rat teuer, mir wurde heiß und kalt.
Hier war es nicht geheuer, so ein verwünschter Wald!
Jetzt säuselt zur Linken die Tanne: „Ich bin ein immergrüner Baum,
zur Weihnacht, da steh' ich in jedem Raum:
In der Kirche, der Stube, in jedem Saal,
sogar vor dem Rathaus, einfach überall!"
„Das Immergrün, weißt du, ist ja gar nicht so doll,"
erwidert die Eiche in tiefem Groll,
„ich jedenfalls wechsle öfter mein Kleid
und passe mich an jeder Jahreszeit:
Ich trage Maigrün im Lenz, im Herbst goldorange,
mein Holz, fest und stark hält ewig lange."
„Kahl bist du im Winter," spottet die Tann,
„du verlierst ja dein Laub, was niemand gefallen kann!"
„Meine Damen, meine Damen !" rief erschrocken ich aus.
(Wäre ich nur schon aus dem Wald wieder raus)
Lassen Sie mich doch glätten die Wogen!
Auf mein Wort, ich habe noch niemand betrogen.
Sie sind ja alle b e i d e gleich schön,
im Sommer und Winter so anzusehn:
Die eine immergrün, die andre mit schönverzweigtem Geäste,
auch ohne Laub ein prächtiges Bild,
es erinnert an das Geweih vom edlen Wild,
und jede bietet Früchte für Eichkatz und Vögel als Gäste.
Nun bittschön, geben Sie sich zur Versöhnung die Zweige,
damit ich wieder beruhigt zu den Menschen absteige!"

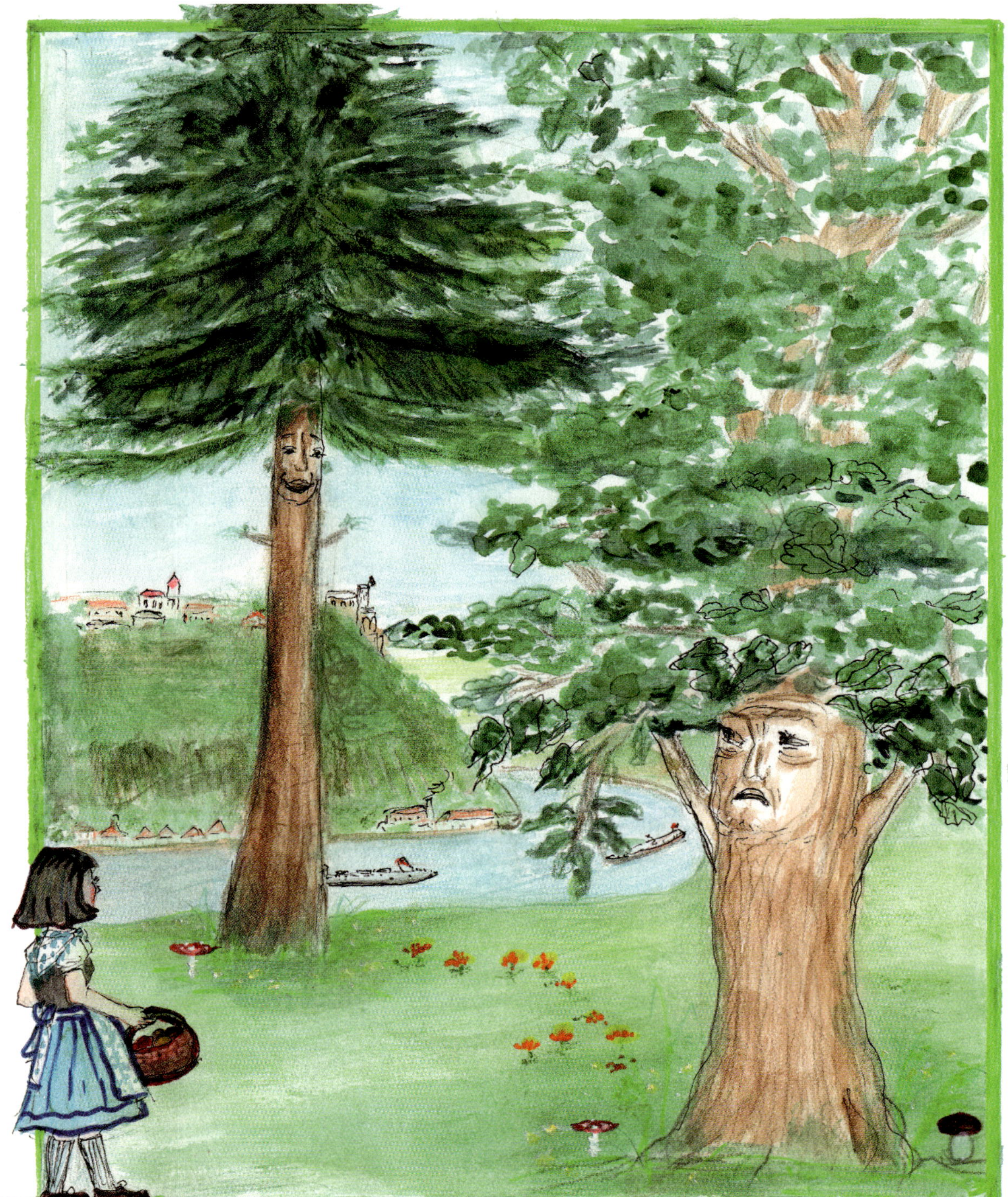

# Undine

Lebt wohl, ihr Freunde meines Lebens,
ich gehe fort in eine and're Welt.
Mein Hoffen und mein Sehnen war vergebens,
was hilft mein Zauber, wenn er nicht gefällt.

Wenn Menschen sündigen an der Natur,
wenn alle nur an sich noch denken,
wenn R e d e n ihre Taten nur,
und N e h m e n heißt es, niemals Schenken.

Lebt wohl, ihr Freunde, meine Träne fällt,
sie soll das Erdenrund benetzen,
vielleicht kann sie für unsere Welt
geheime Kräfte in die Zukunft setzen.

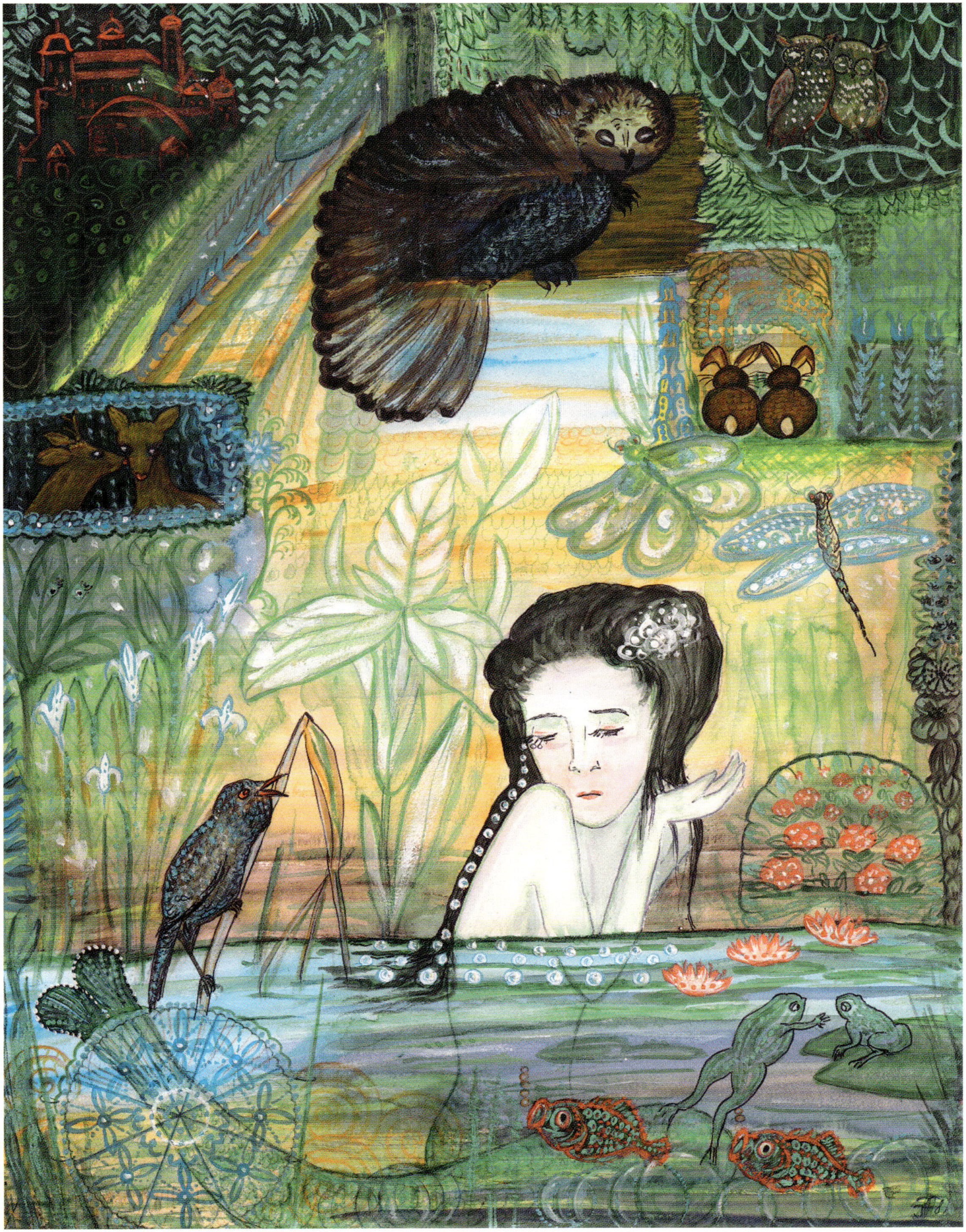

# Von der Größe

Was wir züchten in Gedanken

ist zu groß für unsre Wirklichkeit,

können es nicht greifen und wir wanken

mit der Last bis zur Unendlichkeit,

passen nicht mehr durch die schmalen Gassen,

durch die enge Einfahrt zur Glückseligkeit,

müssen unseren Frieden draußen lassen

in der kalten Welt der Überheblichkeit.

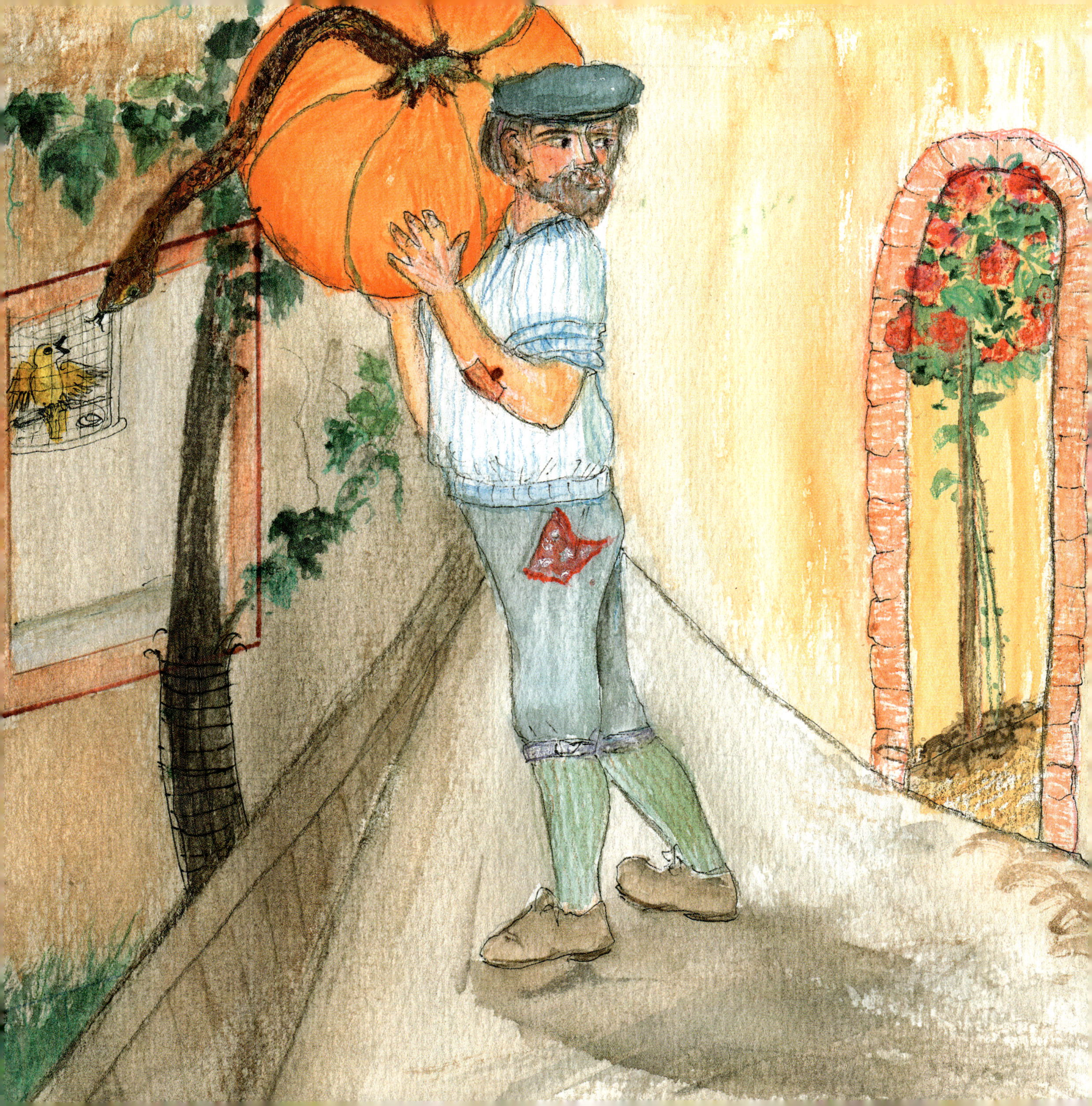

Leider gibt's noch groß und kleine
sogenannte Umweltschweine
in unserm sauberen Schwabenland,
wo ich hier diesen Schandfleck fand,
wo zwischen Wald und bunten Wiesen
ich sah viel Blumen-Tränen fließen,
und Tiere, die anstatt zu laben
sich fürchterlich vergiftet haben.
Sie alle leiden große Qualen –
mein Pinsel mag nicht weiter malen ...

**BLUMENTRÄNEN**

**ENDE**

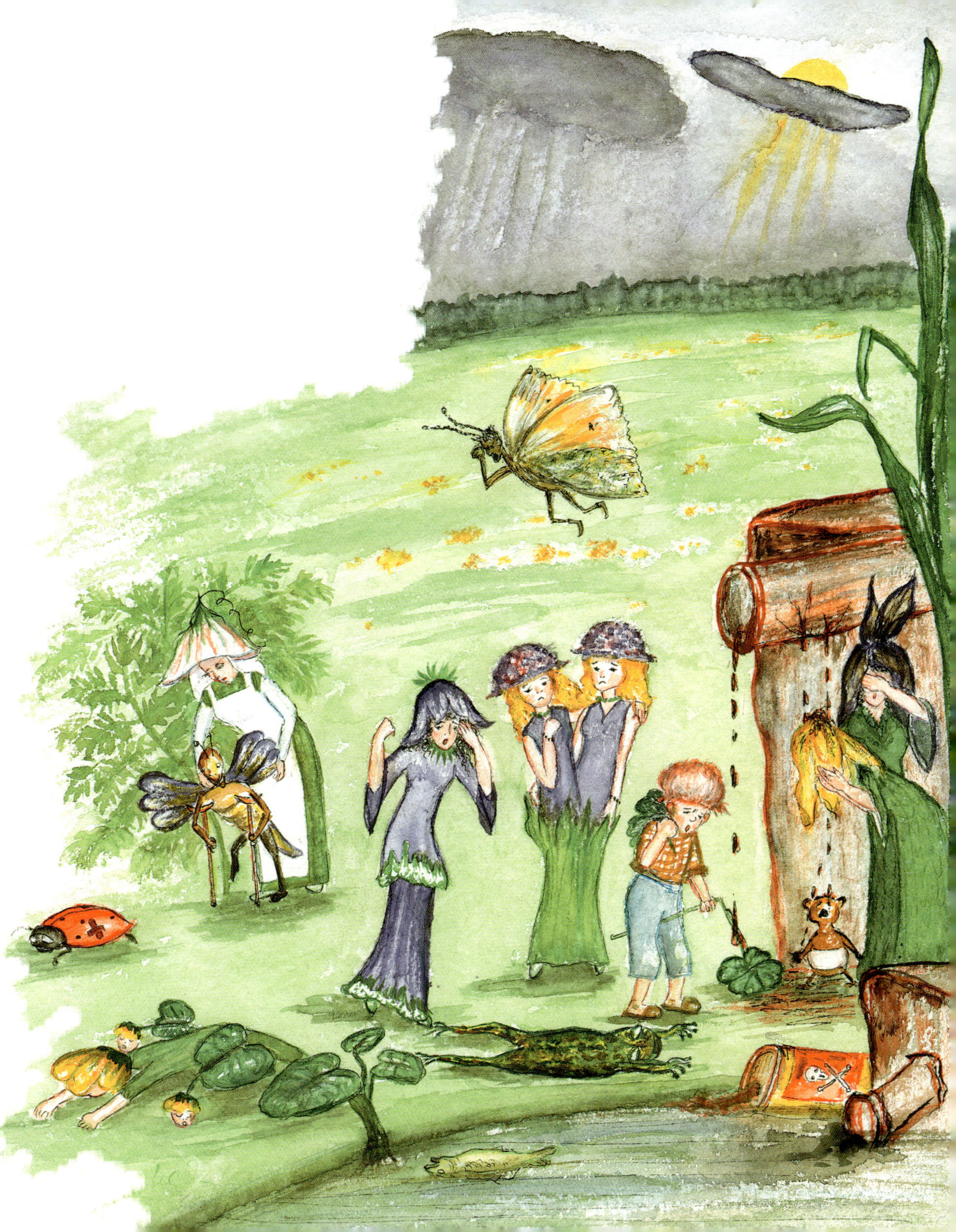